RÉPUBLIQUE FRANÇAISE.

VIE

DE LOUIS-PHILIPPE D'ORLÉANS,

fils de Philippe Égalité.

Tel père, tel fils.

SOMMAIRE. — Naissance de Louis-Philippe. — Détails sur son père. — Son éducation. — Conduite de ce prince pendant l'émigration. — Louis-Philippe, depuis la restauration jusqu'en 1830. — Assassinat du duc de Berri. — La révolution de juillet. — Louis-Philippe, roi des Français. — Sa politique intérieure et extérieure. — La Contemporaine. — Révélations terribles. — Le meurtre du duc de Condé. — La nationalité polonaise. — La conquête d'Alger. — Les fortifications de Paris. — Abaissement de la France. — L'aumône, s'il vous plaît. — Philosophie de Louis-Philippe. — Le banquet réformiste. — Le coup d'Etat. — La révolution de 1848, histoire des 22, 23 et 24 février. — Ecrits sur les Barricades. — Abdication de Louis-Philippe. — Sa fuite.

PRIX : 20 CENT.

PARIS,

CHEZ TOUS LES MARCHANDS DE NOUVEAUTÉS.

1848.

HISTOIRE

DE LOUIS-PHILIPPE.

Louis-Philippe naquit le 6 octobre 1773. Il était l'aîné des trois enfants.

Son père, d'infâme mémoire, avait d'abord présenté à la France l'odieux spectacle des passions les plus abjectes, les plus viles, les plus dégoûtantes. Aussi lâche qu'ignoble, il se blottit au fond de la cale de son vaisseau pendant le combat d'Ouessant contre les Anglais (27 juillet 1778). La révolution survint, et on le vit s'associer, non pas aux grandes idées progressives dont les événements de cette époque venaient doter le monde, mais aux intrigues sanglantes qui pouvaient lui faire un parti et le porter au trône. C'est ainsi qu'il abdiqua son nom pour prendre celui d'EGALITÉ. C'est ainsi encore qu'il vota la mort de son *cousin* Louis XVI avec un horrible acharnement. Mais le peuple n'est pas longtemps la dupe des faux amis qui le trompent, et il y avait trop de crimes dans la poitrine du monstre pour qu'il pût échapper au glaive qui avait tranché la tête de son royal parent. Il fut exécuté à Paris le 6 novembre 1793.

Né duc de Valois, Louis Philippe devint, à douze ans, duc de Chartres par la mort de son grand-père, et fit sa première campagne sous le maréchal de Biron. Il reçut, le 7 mai 1792, le grade de maréchal de camp. C'est à cette époque qu'il faut placer les faits d'armes de Valmy et de Jemmapes. Le duc de Chartres se trouvait alors dans l'armée du Nord commandée par Dumouriez. Il fallait combattre les Prussiens, arrêter leur marche, décider leur retraite. Les troupes françaises se couvrirent, en cette circonstance, d'une gloire qu'on a voulu faire rejaillir sur Louis-Philippe, en 1830, quoique pendant l'action il fût allé se réfugier dans un moulin. Quelques mois plus tard, Dumouriez battait les Autrichiens à Jemmapes. Le duc de Chartres s'y trouvait encore et ne s'y conduisit pas mieux que son père à Ouessant. Après la déroute de Nerwinde, le commandant de l'armée du Nord rompit avec la Convention et alla se réfugier aux avant-postes autrichiens; Louis-Philippe suivit le général infidèle dans sa fuite et dans sa trahison.

Louis-Philippe montra une étonnante aptitude au calcul financier; sur le trône et dans l'abondance de sa fabuleuse fortune particulière, il calcula toujours ses dépenses avec la parcimonie d'un avare ou d'un pauvre; le plus petit acte de bienfaisance et de générosité sortit de son cœur comme la solution d'un problème difficile sort de la tête d'un mathématicien.

Après avoir visité le nord de l'Europe et les Etats-Unis d'Amérique, il vint en Angleterre en 1799. Louis-Philippe était alors duc d'Orléans. L'un de ses premiers soins fut de solliciter sa grâce auprès du comte de Provence, frère de Louis XVI, qui régna plus tard sous le nom de Louis XVIII. Celui-ci connaissait trop bien le caractère ambitieux et fourbe du fils d'*Egalité* pour accueillir facilement une démarche qui n'avait pour mobile que l'intérêt personnel. Aussi fallut-il de hautes et puissantes médiations pour faire fléchir la répulsion que lui inspirait Louis-Philippe.

Lorsqu'en 1807 la guerre éclata entre la France et l'Espagne, le duc d'Orléans, fatigué de la vie oisive et errante que les événements lui avaient faite, écrivait à la Junte espagnole provisoire pour être employé *comme auxiliaire dans l'armée anglaise*; mais le prince régent d'Angleterre n'accueillit point la demande du duc. A son arrivée à Gibraltar, où l'accompagnait le prince Léopold de Salerne, Louis-Philippe reçut du gouverneur de la forteresse la défense de mettre le pied sur le sol de l'Espagne. Contraint de repartir, il se rendit en Sicile où il épousa le 25 novembre 1809, Marie-Amélie, deuxième fille du roi Ferdinand et de Marie Charlotte Louise, archiduchesse d'Autriche.

Cependant le prince ne se tint point pour battu, et mille instances nouvelles triomphèrent enfin de l'opposition politique du gouvernement anglais. Le duc d'Orléans était alors à Palerme. Il partit de cette ville pour Tarragone au mois de mai 1810, sur une frégate espagnole, avec le titre si ardemment désiré de *gouverneur général* de la Catalogne.

Son succès, toutefois, n'eut pas de consistance. Il fit preuve d'incapacité militaire en laissant massacrer la division qu'il commandait, et le cabinet de Londres fit mander aux cortès qu'il retirerait ses troupes, si Louis-Philippe n'était pas immédiatement renvoyé. Il le fut.

La Restauration ramena le duc d'Orléans sur la terre de France. Louis XVIII lui rendit, par deux ordonnances en date du 18 et du 20 mai 1814, l'immense apanage qui avait été constitué à *Monsieur*, frère de Louis XIV, chef de sa maison, mais que celle-ci a perdu par des lois récentes. Les princes de la famille royale, et notamment le comte d'Artois, renouèrent avec lui des rapports affectueux. La fille de Louis XVI parut même faire violence aux douloureux souvenirs que la seule présence du fils d'*Égalité* devait réveiller dans son cœur.

Dès cette époque, et grâce aux sourdes intrigues de Louis-Philippe, un parti commençait à s'agiter en sa faveur sous la direction de Foucher. Il fallut l'événement des Cent-Jours pour donner, un instant, une autre direction aux esprits. Retiré à Twickenham, petite ville aux portes de Londres, le prince ambitieux voulut utiliser sa retraite au profit de ses désirs. C'est de là qu'il adressa deux mémoires aux congrès de Vienne sur les causes de la chute des Bourbons. Bien qu'ils fussent écrits avec une finesse toute machiavélique, il était cependant impossible de n'y point voir cette conclusion égoïste et personnelle : *Donnez-moi le trône, vous pouvez en disposer.*

Ainsi c'était le trône de France que désirait son cœur avide. Pour y arriver, il était disposé à passer sous les fourches caudines de toutes les bassesses, de toutes les turpitudes, de toutes les comédies même les plus avilissantes. Caractère oblique et tortueux, il avait cependant la prétention de sauver les apparences d'une ame noble noble et grande, d'une ame capable de l'héroïsme du dévouement. Il avait, en un mot, l'aristocratie du vice.

C'est sous ce manteau d'aristocratie qu'il disait au général Mortier : — « Je ne ferai point tomber la couronne de la tête qui la porte ; mais, si elle tombe, je la ramasserai. » Et pendant les Cent-Jours, il avait déclaré à lord Wellington que — « Si on l'obligeait à prendre la couronne, il ne l'accepterait que pour la rendre à la branche aînée. »

Odieux mensonges ! Dans l'avide ambition mal déguisée du duc d'Orléans, ce n'était pas la branche aînée qui était en jeu ; ce n'était pas non plus l'intérêt de la chose publique, le bonheur de la France ; ce n'était pas d'avantage le triomphe des idées sociales de la révolution, le triomphe de la constitution démocratique de 1791 : c'était la soif du pouvoir et de l'or..... Et pour étancher cette soif dévorante, il trompait tous les partis populaires, les caressait de sa main perfide, armait le poignard de Louvel et faisait fermenter toutes les têtes. On croyait entrevoir en lui un roi vraiment constitutionnel, et la France, trop noble pour être défiante, se préparait un despote et un oppresseur ! Elle faisait les affaires de l'homme le plus cupide du monde....

Et ici, nous ne saurions nous empêcher de révéler quelques détails sur l'assassinat du duc de Berri.

Louvel croyait servir le peuple; il ne servait que Louis-Philippe. A l'instigation de celui-ci, son bras s'était armé pour déblayer les marches qui mènent au trône. On lui avait dit : *Frappez, et le peuple sera libre, et vous-même serez puissant.* Louvel frappa. On lui avait dit d'être ferme jusqu'au dernier moment, de cacher le nom de ses complices sous le voile du plus impénétrable silence. Le peuple devait se lever en masse et l'arracher de l'échafaud. Louvel crut, et le glaive fit rouler sa tête au milieu d'une multitude immobile et consternée (1). Cependant, le duc d'Orléans était rassuré par cette exécution sanglante : il ne redoutait plus la voix accusatrice de son chevalier de meurtre. Insensé! On a beau jeter dans l'océan le fer homicide, Dieu le ramène toujours au rivage, après avoir gravé le nom du coupable sur la lame du poignard!... D'Orléans avait encore une crainte, toutefois. Le duc de Berri était-il bien mort? son corps, exposé dans une des salles du Louvre, était-il bien recouvert du linceul funèbre? — Plein de cette pensée, il entre dans la salle, découvre violemment le linceul, s'assure qu'il ne touche qu'un cadavre, et dit à un *personnage* qui l'accompagnait. — «Il est bien mort; notre coup est parfait, en voilà un qui ne nous gênera plus.» — Il s'éloigna, la joie dans le cœur, sans avoir entendu les sanglots d'un brave général à genoux derrière le lit de son prince assassiné.

La naissance du duc de Bordeaux vint, à quelque temps de là, effrayer l'ambition du cruel Louis-Philippe. Cette naissance mettait un obstacle imprévu entre lui et le trône. Sans se déconcerter, il fit paraître aussitôt dans le *Morning Chronicle* une protestation contre la légitimité de l'enfant. Nous n'insistons sur ce point, qu'afin de montrer les voies tortueuses que Louis-Philippe prenait pour arriver le plus vite possible au souverain pouvoir.

Les événements politiques de 1830 éclatèrent heureusement pour lui. La faute de Charles X vint enfin couronner ses persévérants efforts, son ambition tenace.

A vrai dire, ce ne fut pas sans peine. La monarchie des Bourbons avait été renversée en trois jours; mais qu'allait-on faire? Lafayette désirait la République; quelques-uns, le duc de Reichstadt; Laffite, le duc d'Orléans; le peuple, en général, désirait la Charte, rien que la Charte, parce qu'elle était la sauvegarde de ses libertés. La cause de l'orléanisme l'emporta, grâce à la pusillanimité de Lafayette et aux intrigues de quelques

_____

(1) Après les événements de 1830, la sœur de Louvel fut employée dans la domesticité de Louis-Philippe.

journalistes., grâce aussi à l'avantage d'un *gouvernement tout prêt* et aux craintes d'une guerre avec les nations voisines.

Il est inutile d'insister ici sur les événements que ceux de 1848 ont ravivés profondément dans la mémoire du peuple; il est inutile de rappeler les feintes résistances de Louis Philippe à se rendre *aux vœux de la nation*, et les bassesses qu'il fit au Palais-Royal pour se créer d'abord une popularité factice.

« A mesure qu'on s'éloignait de la révolution, dit Louis Blanc, Paris devenait un immense foyer d'intrigues. Les places étaient courues avec une ardeur dont rien n'arrêtait le cynisme. Les voitures publiques versaient à Paris, chaque jour et à chaque heure du jour, une foule de solliciteurs venus du fond des provinces pour se partager les premières faveurs. C'était par tout une cohue hideuse. »

Louis-Philippe se fit une arme de cette tendance à la corruption, de cet amour des places, de cette soif des honneurs et des richesses. Pendant son règne, trop court pour lui, mais trop long pour la France, il fit descendre d'en haut la corruption pour énerver les forces nationales. Il pensait qu'en créant une société à son image, cette société amollie ploierait docilement la tête sous le joug de son despotisme et de son bon plaisir. Mais ici, Louis-Philippe établissait une politique qui devait lui être fatale. Tout en pressurant le peuple d'impôts, il ne lui était pas possible de jeter de l'or dans toutes les mains. Il ne put donc corrompre que les sommités de son parti. La représentation nationale fut dénaturée complétement. Avec l'or, avec des places, les Chambres avaient une majorité à son service; quant au pays, à son bien être, à son honneur, c'était trop peu de chose dans l'esprit du monarque pour mériter un seul instant son attention..... Si l'on donnait quelque ouvrage au peuple, c'était pour l'enchaîner. M. Guizot disait avec une concision cruelle : *Le travail est un frein.*

Ainsi, vaste corruption à l'intérieur, corruption dont le procès Teste n'a été qu'un des mille épisodes. L'avenir, il faut l'espérer, nous les dévoilera tous pour l'édification morale du monde. .....

A l'extérieur, toute la politique de Louis-Philippe ne fut que le corrollaire perpétuel de la lettre qu'il écrivit à l'empereur de Russie pour lui notifier son avénement au trône. Dans ce document significatif, le prince s'efforçait de rassurer l'Europe sur les suites de la *catastrophe* de juillet : elle n'avait été qu'une résistance malheureuse, mais inévitable, à d'imprudentes agressions. Tout en protestant de son *respect* pour Charles X., il se donnait pour protecteur naturel des vaincus

Il y avait une indicible énergie dans la volonté de ce *vieil-lard*, toutes les fois qu'il était question d'arrondir sa colos-sale fortune. Alors, se faisant pauvre, il tendait humblement la main aux chambres législatives pour en obtenir les dots en faveur de ses nombreux enfants. Bélisaire d'une nouvelle es-pèce, il n'avait point, à l'en croire, le moyen d'assurer à sa famille une honnête aisance, des ressources d'existence pour l'avenir. La France haussait les épaules de pitié; mais Louis-Philippe revenait à la charge, et on lui donnait l'*aumône* pour se débarrasser de ses importunités accablantes. D'ailleurs, ne vendait-il pas les légumes de ses jardins royaux, afin de pour-voir à ses besoins ? N'est-il pas vrai que la misère le forçait à vendre pour son compte, aux portes de l'*Exposition* du Louvre, les *livrets* descriptifs des œuvres exposées aux yeux de la foule ? S'il gardait les millions destinés au pavage de la place du Louvre, c'est qu'il était dans une royale indigence. Et, dans les calamités publiques, sa main laissait à peine échapper quelques pièces d'or, — preuve évidente de sa dé-tresse... Le dire *riche*, c'était donc le calomnier d'une ma-nière insigne. Ne nous étonnons donc pas, après cela, si Louis-Philippe, pressé par la misère, s'est fait homicide à la manière des brigands qui infestent les routes publiques.

Ceci nous amène naturellement à parler du célèbre assas-sinat du prince de Condé.

Par des sollicitations habilement combinées et audacieuse-ment conçues, ce prince avait consenti à donner son vaste héritage au petit duc d'Aumale, l'un des fils de Louis-Phi-lippe. Un testament fut signé par le malheureux vieillard, et, quelques jours après, on le trouva suspendu à l'espagnolette d'une fenêtre de sa chambre à coucher. On crut d'abord à un suicide, mais tout démontra que le suicide, en cette circon-stance, était chose physiquement impossible. Alors un affreux soupçon plana sur Louis-Philippe. Les tribunaux s'en mêlè-rent. — « La famille de Rohan, dit Louis-Blanc, avait attaqué la validité du testament qui nommait le duc d'Aumale, léga-taire universel du dernier des Condé, et tous les esprits étaient attentifs au dénoûment de cette lutte judiciaire. Jamais procès n'excita une curiosité plus inquiète, ne souleva plus de passions, n'introduisit plus avant dans les mystères et les souillures de la vie des princes, la foule, toujours avide de scandale. Alors fut à demi tiré le voile qui couvrait des détails hideux. Dans une plaidoierie remplie de faits accusateurs, Me Hennequin déroula le tableau des violences et des artifices qui avaient empoisonné les derniers jours du duc de Bourbon et vaincu sa faiblesse. Il trouva dans les sentiments bien connus du malheureux prince, rapprochés de la teneur du testament, les preuves de la captation ; et dans l'impossibilité du suicide (1), celles de l'assassinat. Il n'hésita pas devant le respect dû à certains noms ; il appela les investigations de tous sur des questions brûlantes ; il fut éloquent, et dans sa modération, implacable. Bientôt le peuple, avec son impétuosité ordinaire, ne chercha plus qu'un crime dans la fin de ce Condé dont on venait se disputer devant lui les dépouilles sanglantes. M. Hennequin reçut, à cette époque, d'hommes qui lui étaient parfaitement inconnus, une quantité innombrable de lettres. Les uns lui écrivaient pour lui soumettre quelques arguments nouveaux ; les autres, pour lui reprocher quelque circonstance importante, oubliée ou affaiblie : tous pour le féliciter et l'encourager. Me Lavaux, avocat de la baronne de Feuchère, et Me Dupin, jeune, avocat du duc d'Aumale, déployèrent tous deux un grand talent dans la défense. Mais on remarqua, malheureusement, qu'à des faits précis et articulés avec netteté, ils répondaient tantôt par des récriminations vagues, d'où ils ne surent pas toujours bannir l'injure ; et l'on se tint en garde contre l'habileté de Me Dupin, jeune, faisant considérer le procès comme une trame ourdie par les légitimistes, comme une ruse de la haine envenimée des partis, en un mot, comme un essai de vengeance dont tous les partisans de la révolution de 1830 devaient faire justice. Les Rohan perdirent leur procès devant les juges, et, *à tort ou à raison*, ils le gagnèrent devant l'opinion publique. (*Histoire de Dix ans*, 5e édit., tom. 3, p. 144-146.) »

Aujourd'hui que la vérité historique n'est plus violentée par le pouvoir, on peut bien dire avec franchise que l'assassin du prince de Condé fut bien celui du duc de Berri. L'opinion publique ne se trompait pas : elle se basait sur des accusations terribles auxquelles on n'essaya pas même de toucher...

Or, un prince qui souille ainsi son trône ne saurait être un bon prince. Louis-Philippe, en effet, ne le fut jamais : il ne pouvait pas l'être.

A mesure que son règne s'avançait dans l'avenir, plus le peuple ployait péniblement le front dans la misère, plus la France perdait de son antique et légitime considération.

Il n'était guère possible que le peuple fût réellement heureux avec les errements suivis par le gouvernement de juillet.

(1) Le prince avait reçu au bras droit une blessure qui l'empêchait de faire usage de ce bras.

Le peuple voulait la réforme électorale pour mettre un terme à la corruption qui gangrenait tout ; Louis-Philippe n'en voulait pas.

Le peuple voulait le droit d'association ; Louis-Philippe n'en voulait pas.

Le peuple voulait que *la Charte fût une vérité* ; Louis-Philippe n'en voulait plus ; il ne l'avait même jamais voulu.

Le peuple voulait l'organisation du travail ; Louis-Philippe n'en voulait pas. Selon lui, *la prospérité nationale était toujours croissante.* Cette phrase était reproduite dans chaque discours de la couronne, tandis que les masses s'affamaient dans les replis de plus en plus serrés d'une concurrence sans frein.

Pour Louis-Philippe, la majorité parlementaire était tout, la majorité nationale rien.

On peut voir, par les axiomes suivants, les ressorts qui donnaient le mouvement aux actes du roi déchu ; ces axiomes sont extraits des lettres confidentielles de Louis-Philippe, révélées avec tant d'éclat par la *Contemporaine.* Les voici :

— *Je suis prince français, et cependant je suis Anglais d'abord par besoin ; je le suis par principes, par opinion, et par toutes mes habitudes* (1).

— *La responsabilité n'est à craindre que quand on ne réussit pas.*

— *Il faut flatter, cajoler les hommes, les prendre par la vanité, endormir leur cynisme.*

— *La presse est notre plus grande ennemie, il faut la maîtriser et gagner avec de l'or toutes les plumes guerroyantes.*

— *Je n'ai pas en vue la durée de la monarchie constitutionnelle ; mais la perpétuité de ma dynastie.*

Tout le monde connaît la polémique violente qui s'établit entre M. Thiers et M. Guizot, lors d'une discussion parlementaire au sujet des crédits. « *Vous avez déshonoré la France,* » disait M. Thiers à M. Guizot. « *Vous l'avez ruinée,* » lui répondit le second.

Ces deux mots contiennent toute notre histoire depuis 1830.

Or, était-il possible que cette *ruine* et cette *honte* durassent longtemps ?

Non.

A tous ces crimes de lèse-nation, il fallait un châtiment.

(1) Ajoutons à cette citation les derniers mots que nous connaissons de lui, et publiés dans les journaux : *Dieu merci, me voilà sur le sol de l'Angleterre.*

La balle ou le fer des assassins ne put jamais atteindre la personne de Louis Philippe ; Dieu le voulut ainsi, pour donner à sa justice des caractères plus frappants et plus moraux : patient dans sa vengeance, parce qu'il est éternel, il réservait au prince coupable la contre-partie de tout ce qui était arrivé à Charles X.

Celui-ci avait succombé à l'entêtement d'un coup d'État ; Louis-Philippe devait échouer contre le même écueil.

Le premier avait quitté la France après avoir abdiqué en faveur de son petit fils ; le second devait rehausser sa fuite par la même circonstance.

Le prince de la branche cadette, comme celui de la branche aînée, devait perdre le pouvoir en trois jours.

Quand Charles X offrit son petit-fils à la nation, on lui cria : *Il est trop tard !* La même réponse devait être faite à l'abdication de Louis-Philippe.

Voici, du reste, l'analyse des faits qui se sont passés les 22, 23 et 24 février.

Le 22, un immense banquet devait avoir lieu sous la présidence des députés réformistes, flétris par le discours de la couronne et le vote de l'adresse.

Le ministère ne voyait pas sans effroi le déploiement populaire qui devait éclater en cette circonstance mémorable.

Dès quatre heures du matin, des groupes lisaient, à la lueur des torches, les proclamations qui interdisaient le banquet et faisaient un appel au bon sens public.

Le bon sens public fut consterné de cette interdiction ; l'agitation des masses était à son comble. A dix heures, la foule était au rendez-vous que les députés de l'opposition avaient indiqué la veille.

Vers onze heures et demie, le rassemblement lassé d'attendre, s'ébranle et se met en marche. Il traverse la place de la Révolution aux cris de : Vive la réforme ! et aux chants de la *Marseillaise*. Il se dirige vers la chambre des députés et y pénètre : la chambre est vide.

Quelques instants après, la troupe accourt, des dragons et des municipaux refoulent les groupes de l'autre côté du pont. Un régiment de chasseurs, musique en tête, prend position devant le palais Bourbon ; un régiment de ligne borde les quais et ferme les rues qui conduisent au palais.

Il est une heure : les députés arrivent, traversant avec peine la foule qui stationnait sur la place de la Révolution. Bientôt les détachements de garde municipale et de dragons commencent à charger les groupes et les rejettent au loin dans les Champs-Elysées. Les cris et les huées de la multitude indignée frappent les échos de la chambre ; la musique des chasseurs et de la ligne y répond par des fanfares et des airs d'opéra.

Pendant deux à trois heures, on a sous les yeux le déplorable spectacle d'une masse de citoyens sans armes sillonnée en tout sens par des charges de cavalerie, se dispersant sur un point pour revenir sur un autre, et envoyant d'un bord à l'autre de la Seine, cet appel inutile : *Vive les députés, vive la réforme !*

Il faut que la chambre soit occupée d'intérêts bien graves pour que ces cris ne la fassent pas tressaillir. Entrons. On y discute la loi sur la banque de Bordeaux ! Gravement, sérieusement, les détails les plus minutieux en sont scrupuleusement analysés. M. Barrot arrive, il paraît peu soucieux ; M. Guizot est sombre ; M. Thiers cause. De temps en temps des députés courent les bancs, apportant les nouvelles du dehors ; on apprend qu'un homme vient d'être tué, cinq ou six sont blessés, des barricades sont formées avec des chaises et des planches dans les Champs-Elysées.

Le corps de garde voisin est attaqué et brûlé ; des rassemblements parcourent les rues de Paris ; les coups de sabre et les coups de baïonnette font partout des victimes.

La chambre passe à la discussion des articles de la loi sur la banque de Bordeaux.

A cinq heures, au moment où M. Sauzet va lever la séance, M. Barrot rappelle qu'il a déposé une proposition. M. Sauzet répond que l'on ne peut pas même, selon le réglement, indiquer des propositions que l'on dépose : celle de M. Barrot sera lue *jeudi*. L'assemblée se sépare. Il n'est pas dit un mot qui ait trait à la situation.

Au sortir de la chambre, les nouvelles les plus émouvantes affluent de tous côtés. Partout des rassemblements, des cris, des charges de cavalerie, et, sur quelques points, d'énergiques résistances.

Il est impossible, en ce moment, d'assigner un caractère précis à ce qui se passe ; c'est plus qu'une émeute ; ce n'est pas l'insurrection.

23 février. — Les événements nous emportent ; ils se précipitent comme l'ouragan.

A sept heures et demie du matin on bat le rappel pour la garde nationale. Le pouvoir qui, la veille, n'avait mis sur pied que sa police et la garnison, redoute maintenant l'orage et appelle aux armes la milice nationale à laquelle il venait de refuser le droit de réunion pacifique.

On voit déjà quelques barricades dans la rue du Cadran, de Cléry, Saint-Denis, Neuve-Saint-Eustache, du Petit-Carreau, etc. Une barricade de la rue Montmartre, attaquée par les gardes municipaux, est enlevée, mais non sans effusion de sang. Là, les gardes municipaux, en s'embusquant au coin des rues, tirent comme en garenne et mettent en joue contre les fenêtres.

Cette lamentable expédition exaspère la foule ; mais heureusement un chef de bataillon de la garde nationale fait cesser la chasse aux hommes.

Les gardes nationaux de la 3ᵉ légion et une foule compacte rassemblée sur la place des Petits-Pères, crient : *Vive la réforme !* La 3ᵉ légion est contrainte de croiser alors la baïonnette pour empêcher l'effusion du sang.

Sauf quelques accidents, la troupe de ligne se montre presque partout calme et neutre.

On apprend la démission des ministres. Cette nouvelle affaiblit un peu l'agitation, mais bientôt Paris juge insuffisante cette victoire remportée par l'opinion publique.

La situation s'aggrave au pont Notre-Dame, un détachement de garde municipale charge avec une inexprimable férocité, et sur la garde nationale et sur le peuple.

Dans tout le quartier Transnonain des barricades formidables s'élèvent et le service s'y fait militairement ; ces barricades sont gardées par des hommes qui ne poussent qu'un cri: *A bas le Système !* « On veut nous leurrer, disaient-ils, avec » un nouveau ministère sans garantie. »

Vers dix heures et demie, une cinquantaine de municipaux se trouvent enfermés dans la cour d'un liquoriste de la rue Bourg-l'Abbé où sont les magasins de l'armurier Lepage. Une compagnie de la 6ᵉ légion occupe la porte de cette maison et en défend l'entrée; mais la population, justement indignée de la conduite odieuse tenue sur d'autres points par la garde municipale, profère des cris alarmants pour les hommes renfermés.

Les gardes nationaux de la 6ᵉ légion accourent de tous les points pour renforcer leurs camarades ; mais des ouvriers arrivent plus nombreux cent fois.

Deux compagnies du 7ᵉ de ligne sont aussi dirigées sur ce point.

Les cris : *Le désarmement ! le désarmement !* continuent et forment un chœur formidable.

Quelques chefs ou soldats de la garde nationale entrent alors dans la cour de la maison occupée pour parlementer avec les prisonniers. Ceux-ci cependant ne redoutent qu'une seule chose : c'est de traverser une foule immense qui demande compte du sang versé ailleurs par la garde municipale.

Enfin, après une heure d'hésitation, les municipaux consentent à sortir complétement désarmés, et les uns à la suite des autres.

Voici comment la *Réforme* raconte la suite de cet événement honorable pour la garde nationale :

« La troupe de ligne faisait une baie dans la rue, et attachés aux bras des gardes nationaux, protégés par eux, les prisonniers commencèrent à défiler au cri de : « A bas la garde municipale ! » L'exaspération était extrême et expliquée, nous le répétons, par la conduite de cette troupe sur plusieurs points. Aussi le peuple se mit-il à demander que les prisonniers missent bas leurs shakos.

» Un garde national décoré de juillet, étranger à la 6° légion, et sous la protection duquel s'était mis le lieutenant, dit alors aux prisonniers qu'il fallait obéir à la loi du peuple, et cet ordre, unanimement proféré, fut unanimement obéi.

» Alors le cortége (car c'était un véritable cortége), s'est mis en marche ; en tête un escadron de cuirassiers ; la ligne formant la baie, des gardes nationaux, chefs et soldats, entourant les gardes municipaux ; enfin des flots innombrables de peuple sur les trottoirs.

» C'est ainsi qu'on a parcouru la rue Bourg-l'Abbé, la rue aux Ours, la rue Rambuteau, le marché des Innocents, la rue Saint-Denis, la place du Châtelet, les quais de Gèvres ; et le peuple était toujours sur les flancs, agitant des armes et des flambeaux et faisant entendre sa voix puissante.

» Alors, au milieu du quai, une manœuvre de cavalerie, adroitement exécutée, a arrêté court le flot populaire sur les trottoirs, et le cortége a continué sa marche libératrice jusqu'à la place de l'Hôtel de Ville, occupée par l'artillerie et des forces formidables.

» Là, les gardes municipaux, désarmés se sont trouvés libres, et ils ont remercié ceux qui venaient de s'exposer pour les protéger. »

Partout le peuple demande des armes.

A neuf heures et demie du soir tous les gardes municipaux sont relevés de leurs postes. La ligne les occupe et fraternise avec le peuple.

Paris est tout illuminé ; la ville présente le plus brillant coup d'œil.

Trois ou quatre mille citoyens passent dans la rue Montmartre en criant : *A bas Thiers ! A bas Molé ! A bas le Système !*

A dix heures, une colonne de citoyens, ayant en tête des gardes nationaux sans armes, part de la Bastille et s'avance vers le boulevard des Capucins. Là, toute cette foule est assaillie *sans sommations préalables* par la garnison de Guizot. Cinquante personnes environ tombent, morts ou blessés, sous cette fusillade digne d'une armée d'égorgeurs.

Cette nouvelle se propage avec la rapidité de la foudre. Le tocsin sonne, l'indignation soulève tous les cœurs honnêtes. Le trône chancelle, il va tomber….

24 février. — Pendant que le peuple continue de s'agiter, plus terrible que jamais, et qu'il s'empare du poste du Palais-Royal, M. Dupin annonce à la chambre des députés l'abdication de Louis-Philippe en faveur du comte de Paris avec la régence de la duchesse d'Orléans. La princesse arrive alors avec ses enfants ; elle est accompagnée du duc de Nemours. Après être restée un instant livrée à tous les mouvements de la tempête parlementaire, M⁰⁰ la duchesse d'Orléans, entraînée dans le couloir qui sépare le centre, monte pour gagner l'issue qui se trouve de ce côté ; il paraît que cette issue est fermée, elle s'arrête avec ses enfants et s'assied sur le dernier banc supérieur du centre gauche.

M. le duc de Nemours parvient avec peine à la rejoindre, et s'assied à côté d'elle. Des gardes nationaux les entourent.

La séance reste suspendue au milieu du tumulte le plus inconcevable. On entend au dehors le canon et la fusillade. Aux cris de : *Vive la République !* on nomme un gouvernement provisoire. La duchesse d'Orléans s'échappe avec peine au milieu de la foule toujours croissante. Le duc de Nemours, pressé par le peuple, se voit enlever ses épaulettes et son chapeau ; mais, grâce à la garde nationale, il parvient à prendre la fuite.

Cependant, Louis-Philippe était encore aux Tuileries. S'il faut en croire des personnes bien informées, le roi, éperdu, aurait fait appeler le maréchal Bugeaud. Celui-ci, dit-on, aurait déclaré au roi que toute défense dans Paris était devenue impossible, et qu'il fallait que la famille royale se retirât dans la place de Vincennes, et toutes les troupes dans les forts détachés. « C'est impossible, aurait dit alors Philippe avec angoisse, si je quitte les Tuileries, on pillera tout ce que je possède. »

Mais bientôt il fallut fuir ; bientôt il fallut dire un douloureux adieu à ce palais si cher au cœur, à ces richesses splendides qui empêchaient la misère du pauvre d'arriver jusqu'au trône...

A une heure et demie, les Tuileries sont envahies par le peuple que rien ne peut maintenant arrêter, mais qui ne veut pas se déshonorer par le pillage.

C'est à peine si Louis-Philippe a le temps d'éviter par la fuite la rencontre du flot populaire.

Arrivé au pied de l'obélisque de l'ancienne place de la Révolution, le prince, la reine et leur suite sont tellement pressés, qu'ils ont à peine la liberté de leurs mouvements. Halte étrange, providentielle ! le sang de Louis XVI avait coulé à l'endroit même où le monarque déchu était retenu immobile par les masses... Louis Philippe eut peur ! Mais la garde nationale était là, et le peuple sut, dans sa victoire, s'incliner devant *une grande infortune.*

A onze heures du soir, le prince se trouvait à Dreux ; il était dans un état de prostration complète, et répétait à chaque instant : *Comme Charles X ! comme Charles X !*

———

Ainsi finit la royauté de juillet. Jamais prince ne laissa dans les cœurs moins de regrets que Louis-Philippe ; jamais prince ne fut détrôné avec un consentement plus unanime que lui. Il n'avait rien fait pour le peuple, et le peuple, indignement trompé pendant dix-sept ans, brûla son trône au pied de la colonne de la Bastille, avec toute l'ivresse de la joie. Ceux mêmes que Louis-Philippe avait attachés à son parti par des places, des honneurs ou des richesses, regrettent sans doute le vide qui va s'opérer dans leur position sociale, mais ne regrettent aucunement l'homme qui les enchaînait au char de sa fortune politique.

Angers, imprimerie de Lainé frères.